Ernst Hallier

Darwins Lehre und die Specification

Ernst Hallier

Darwins Lehre und die Specification

ISBN/EAN: 9783744671040

Hergestellt in Europa, USA, Kanada, Australien, Japan

Cover: Foto ©ninafisch / pixelio.de

Weitere Bücher finden Sie auf **www.hansebooks.com**

Darwin's Lehre

und die

Specification.

———

Von

Ernst Hallier,

a. Professor zu Jena.

HAMBURG.

Otto Meissner.

1865.

Vorwort.

Vorliegende Arbeit wurde in ihrem Haupttheil auf
der 40sten Versammlung deutscher Naturforscher
und Aerzte zu Hannover am 18ten September d. J.
vorgetragen. Der Vortrag verlangte gedrängte Kürze.
Eine kurze und übersichtliche Darstellung des Gedankenganges ist aber auch für den Leser eine so
wesentliche Erleichterung, dass ich die Form nicht
ändern mochte. Aus diesem Grunde sind die Ausführungen und Begründungen, wie es in letzter Zeit
so häufig mit Glück versucht worden ist, durch
Nummern mit dem Text verbunden und der Leser

wird wohlthun, anfänglich nur den Haupttext kursorisch zu durchlaufen, bevor er ihn mit den Ausführungen durchliest. So wird mein Zweck, zum Nachdenken über die so wichtige naturphilosophische Frage anzuregen, am sichersten errreicht werden.

Der Verfasser.

Hamburg, im Oktober 1865.

Hochverehrte Versammlung!

Es mag gewagt und anmassend erscheinen, dass ich Ihre Aufmerksamkeit für kurze Zeit auf einen Gegenstand zu lenken versuche, welcher seit längerer Zeit, besonders aber seit dem Erscheinen des so vielfach besprochenen Darwinschen Buches von den gewiegtesten Kräften, wie es scheint, nach allen Seiten hin geprüft und erörtert worden ist. Mit Recht werden Sie, bevor Sie sich meinem Gedankengange anvertrauen, fragen nach dem Zweck und der Aufgabe desselben.

Kurz gesagt, ist meine Aufgabe eine doppelte. Erstlich: hinzuweisen auf die deutsche, 1) ältere und klarere Auffassung derjenigen Abstraktionen, welche nicht ganz mit Recht mit dem Schlagwort „Darwinsche Lehre" bezeichnet werden. Der Zweck dieser Hinweisung ist aber keineswegs der eines nationalen Prioritätsstreites, welcher mit dem

humanen Streben der Naturforschung unserer Tage
sich übel vertrüge; es ist vielmehr meine Absicht,
auf die grossen Vortheile aufmerksam zu machen,
welche die ältere deutsche Ansicht vor der englischen voraus hat in Bezug auf Klarheit der Vorstellungen und Uebersichtlichkeit der Anschauungen,
und zugleich einige der zahlreichen Irrthümer 2)
zu bezeichnen, welche unmittelbare Folge der be-
schränkteren*) englischen Auffassung sind und mit
ihr auch nach Deutschland sich verschleppt haben.
Was grade mich veranlasst, freilich zagend
und zögernd, mit dieser Frage vor Sie zu treten?
Die Antwort liegt in dem geschichtlichen Ent-
wickelungsgang meiner Studien.

Seit dem Jahr 1854 durch ausgezeichnete Uni-
versitätslehrer auf das Studium der exakten Naturwissenschaften und der Philosophie der Kantischen
Schule geleitet, regte sich in mir manche Frage
rein naturwissenschaftlichen Inhalts von allgemei-
neren Gesichtspunkten aus, wie sie unmittelbarer
Gewinn des Studiums der Mathematik und der
Metaphysik sind. Unter solchen Verhältnissen, unter
beständigen, Jahre andauernden Disputationen mit

---

*) Auch Nägeli tadelt mit Recht, wenn er sagt:
„Darwin fasste die Entstehung der Arten von der prak-
tischen Seite und kümmerte sich wenig um die prinzipielle
Grundlage."

dem verehrten, zu früh verstorbenen Lehrer Ernst Friedrich Apelt, und oft im Widerspruch mit seinen Ansichten, entstand bis zum Jahr 1857 die Disposition zu einer Schrift, welche unter dem Titel „Das Gesetz der Specification" erscheinen sollte. Das speziellere Studium der Physik und Botanik und mein 1858 angetretener Lehrerberuf liessen leider jene Arbeit nicht zur Reife gedeihen. Wenn ich heute die Grundgedanken derselben, hoffentlich seitdem durch Zeit und Erfahrung geklärt und gesichtet, Ihnen vorführe, so kann ich damit nicht beginnen, ohne um Ihre Nachsicht dringend zu bitten.

Die Thatsache 3) der Specification ist durch Aristoteles allgemein bekannt geworden und durch die kritische Philosophie zur evidentesten Klarheit erhoben. Schon seit Aristoteles streitet man nicht über die Thatsache, denn diese lässt sich nicht hinwegläugnen, sondern über den Ort, wo diese Thatsache ihre Erklärung findet. Dieser Ort kann ein zweifacher sein. Der Grund der Artenbildung kann in der Natur unserer geistigen Auffassung oder in der Natur der Gegenstände, der Materie, liegen. Jedenfalls ist es zunächst unsere schematisirende Einbildungskraft, welche die Bilder schafft, damit sie durch die Reflexion zu Begriffen erhoben werden. Die Art, wie dieser Vorgang, dieser psychische Process, abläuft, ist durch die Logik bekannt und kann hier nicht erörtert werden.

Die für uns wichtige Frage ist die zweite: Werden die scharfen Grenzbestimmungen unseres Verstandes durch die Natur selbst erleichtert; giebt es wirklich scharf getrennte Arten ohne Zwischenstufen? Auch diese Frage ist schon von den kritischen Philosophen erörtert und beantwortet und so entstand im Gegensatz zu jenem logischen Gesetz ein metaphysisches Gesetz der Specification 4), welches voraussetzt, dass es nur eine bestimmte, also endliche, Anzahl von Arten der Naturkörper gebe. Nun lässt sich leicht nachweisen, dass ein solches metaphysisches Gesetz der Specification wirklich existirt. Alle unsere Arteneintheilung in der äusseren Natur kann nur auf Begriffen oder Anschauungen beruhen, d. h. die Merkmale, nach denen wir die Körper unterscheiden, sind Begriffe oder Anschauungen. Die Eintheilung nach Begriffen ist offenbar eine logische; wir haben also nur nach den anschaulichen Merkmalen zu fragen. Diese stammen aus der Sinnesanschauung, wie die Farben, Töne u. s. w. oder aus der reinen mathematischen Anschauung, wie Grösse und Gestalt. Andere Merkmale kann es eigentlich nicht geben, denn die mechanischen wie: Bewegung, Kraft u. a. hängen von der Mathematik ab. Es leuchtet nun wohl ein, dass, wenn diese beiden Anschauungsweisen die Artenbildung uns aufdrängen, auch die ganze Natur specifizirt werden könne. Dass es aber verschiedene

Arten von Tonempfindungen, nicht nur dem Grade
der Helligkeit, sondern der Art nach verschiedene
Farben, verschiedene Gerüche u. s. w. giebt, daran
zweifelt Niemand. Aber ebenso unumgänglich zwingt
uns die Mathematik zur Specification. Es giebt
nur eine bestimmte Zahl von regelmässigen Polyëdern,
zwischen zweien derselben ist nie eine Mittelform
möglich; es giebt ganz bestimmte, leicht definirbare
Arten von Kegelschnitten u. s. f.
Da es nun unmöglich ist, bei der Definition
der Arten in der Natur etwas anderes zu benutzen
als qualitative und quantitative Bestimmungen, so
muss die ganze Natur definirbar sein. Wir haben
zunächst definirbare Prädikatbegriffe von zwiefacher
Form: Jene Vorstellungen von Farben, Tönen u. s. w.
sind sinnlicher, diese von Grösse und Form sind
mathematischer (rein anschaulicher) Natur. Speci-
fiziren können wir offenbar nach sinnlichen wie
nach mathematischen Merkmalen; es giebt also
eine Form der Artenbildung, welche aus reiner
Anschauung, eine andere, welche aus der Sinnesanschauung entspringt. Beide haben eine metaphysische Bedeutung, aber sie sind von sehr verschie-
denem Werth*).

---

*) Beide Arten der Specification entspringen aus der
formalen Anlage unserer sinnlichen Vernunft und werden

Wie wenden wir nun diese Merkmale zur Artenbildung an? Dem einfachen Verstand haben die Körper eine bestimmte Form und Beschaffenheit. Er theilt sie daher ohne Weiteres nach Form und sinnlich wahrnehmbaren Eigenschaften ein. Bald gewahrt aber die Wissenschaft, dass dieselben Körper ihre Eigenschaften verändern. Die Chemie zerlegt die Körper in einfachere und zeigt ihre Zusammensetzung. In jeder neuen Verbindung erhalten sie neue Eigenschaften. Die Substanz selbst ist dabei unveränderlich. Die Verbindungen werden zwar gelöst, aber die Theile haben zusammen dieselbe absolute Masse wie vorher das Ganze. Diese Vorstellung ist eine bei jeder Naturbetrachtung nothwendige, also metaphysische. Es giebt eine an sich unveränderliche Materie, deren Eigenschaften nur durch Veränderungen in der Zusammensetzung dem Wechsel unterliegen. Zwar hat die Chemie eine grosse Anzahl von Elementen, d. h. von zur Zeit unzerlegbaren Körpern, ausfindig gemacht, aber auch ihre verschiedenen Eigenschaften beruhen nach allgemeiner Ansicht auf

---

uns nicht durch die Materie allein aufgedrängt, denn auch die Qualitäten der Sinnesanschauung, d. h. die Empfindungen des Roth und Gelb, der Töne und Gerüche sind nicht aus der Materie erklärbar, sondern Thatsachen des Seelenlebens.

der Form ihrer Zusammensetzung im Raum. Durch diese Betrachtung werden aber erstlich die sinnesanschaulichen Eigenschaften der Materie auf morphologische Verhältnisse zurückgeführt, und mit Recht hält man jene bei aller Naturbeschreibung für unsichere und verwerfliche Merkmale, diese für die allein zuverlässigen. Die ganze beschreibende Naturwissenschaft beruht also auf Morphologie, mithin auf Mathematik. Da also die Substanz selbst an und für sich unveränderlich ist und die verschiedenen Eigenschaften der Körper nur auf verschiedener Anordnung ihrer Theile im Raum beruhen, so ist einleuchtend, dass es gar kein System der beschreibenden Naturwissenschaften, sondern nur ein System der Formenbildung der Materie, also gleichsam der schildernden Naturwissenschaft 5) geben könne. Die Körper sind Formzustände der Materie und wir erhalten eine Specification der Formenreihen, oder wie Blumenbach sagen würde: eine Specification der Bildungstriebe; nur müssen wir fest im Auge behalten, dass diese Bildungstriebe nichts weiter sein können, als mathematische Gesetze der Gestaltung. Einzelne Körper liegen uns als bleibende Objekte der Naturforschung gar nicht vor, denn ein Mineral wird früher oder später zersetzt und seine Theile gehen andere Verbindungen ein; das Mineral als solches existirt also gar nicht, sondern es ist nur eine Form der Existenz der Materie. Es ist

aber ungemein schwer, sich an den Gedanken zu
gewöhnen, dass die Mineralien, Pflanzen und Thiere
nicht als einzelne Körper, sondern als Formen der
Existenz aufzufassen seien; daher kommt es denn
auch, dass man mit grossem Eigensinn die ewige
Dauer der Arten der Organismen behauptet hat.
Die ganze Naturforschung hat also als Endziel die
Auffindung sämmtlicher Formen und Formenreihen
in's Auge zu fassen, welche in der Natur möglich
sind. Da sie nur in den wenigsten Fällen bis jetzt
einfache mathematische Gesetze der Gestaltung aufgefunden hat, so kann ihre Specification unmöglich
auf sehr festen Füssen stehen. Das Planetensystem
ist vollständig specifizirt, weil hier höchst einfache
mathematische Verhältnisse der Gestaltung und Bewegung obwalten. Wer wird sich verhehlen, dass
die Krystallographie in der Mineralogie nur ein
Nothbehelf für mathematische Konstruktion der
Krystallbildung ist. Und ist es besser mit der
Chemie überhaupt? Giebt nicht jeder Chemiker
zu, dass die stöchiologischen Formeln nur ein vor-
läufiger Behelf sind in Ermangelung einer mathe-
matisch-physikalischen Ableitung? 6) Die wahre Specification ist also erst das Endziel der Forschungen
und wir könnten uns die folgenden Erörterungen
ganz sparen, wäre nicht die Geschichte der Artenbildung in den einzelnen Naturwissenschaften so

höchst lehrreich für das Verständniss des Wesens aller Specification. Ehe ich darauf eingehe, lassen Sie uns einen vergleichenden Seitenblick auf Darwin werfen. Er folgt dem umgekehrten Wege, den wir eingeschlagen haben. Er setzt, ohne Kritik an ihn zu legen, den Artbegriff bei den Pflanzen und Thieren als gegeben und feststehend voraus und sucht nun die Entstehung der Formen damit zu vergleichen. Auf dem langen und mühsamen Wege der Beobachtung und des Experiments sucht er zu Resultaten zu gelangen. Diese Bemühung, die durchaus nothwendig war zur Besiegung der Vorurtheile und zur Prüfung der allgemeinen Ansichten, müssen wir ihm ganz besonders danken. Aber einleuchtend und unwiderlegbar wird doch die Darwinsche Ansicht erst, wenn man sich auf den allgemeinsten Standpunkt stellt*).

*) Wenn unser Weg mit dem Darwin'schen in allen wesentlichen Punkten dasselbe Resultat erzielt, — desto besser; das ist ein Zeichen für die Richtigkeit dieser Ansichten. Unklar wird der empirische Weg aber bleiben, wenn er nicht nach allgemeinen Gesichtspunkten orientirt ist. So enthält gleich der Titel des Darwin'schen Buches einen logischen Fehler. On the origin of species by means of natural selection drückt etwas ganz anderes aus, als was er sagen will. Nicht die Art entspringt aus der Auswahl, sondern die Formverschiedenheit, und durch diese wird die logische Artbildung erleichtert.

Wir haben, wie ich glaube, einen solchen gewonnen für die Naturwissenschaften überhaupt; für
die einzelnen Disziplinen haben wir aber noch die
Kritik anzulegen.

Es wird aus der bisherigen Betrachtung wohl
klar, dass alle natürliche Eintheilung und Klassifikation durch Definitionen gewonnen wird, dass
dadurch Gruppen von Begriffen entstehen, welche
als Art, Gattung, Ordnung, Klasse u. s. w. ganz
gleichwerthig sind, denn sie sind ja in derselben
Weise entstanden. Ist das die herrschende Ansicht
in den Naturwissenschaften? Keineswegs. In der
Mineralogie folgt man ihr noch am treuesten. Dort
werden fast in allen Systemen die einzelnen Mineralien unter gewissen Gesichtspunkten in grössere
Abtheilungen geordnet, diese abermals u. s. f. und
man legt nicht auf eine dieser Abtheilungsgruppen
einen besondern Werth. Es fehlt der Mineralogie
und Chemie z. B. der Gattungsbegriff. Ganz anders
bei den Organismen. Linné theilt im Sexualsystem
ganz scholastisch in Klassen, Ordnungen, Gattungen
und Arten ein; er zeigt dadurch am besten den
rein logischen Ursprung seines Systems; und doch legt
er auf Gattung und Art besonderes Gewicht nach
dem Begriff der Fruchtbarkeit. Diese Bevorzugung
der Begriffe der Gattung und Art, obwohl sie die
Klassifikation bedeutend erleichterte, ist ein grosses
Unglück für die Wissenschaft geworden, denn die

dadurch entstandenen Vorurtheile sind fast unver-
tilgbar.

Es war zugleich eine Inkonsequenz des Systems:
denn die Klassen und Ordnungen sind künstliche,
durch Determination 7) entstandene; Gattung und
Art dagegen sind natürliche, durch Abstraktion ge-
wonnene Gruppen. Daher gingen sie auch in das
natürliche System über. Dass dieses auf fast eben
so schwachen Füssen steht wie das künstliche beweist wohl seine Geschichte in der Botanik. Welche
Sündfluth von Systemen hat uns überschwemmt!
Warum es kein festes natürliches System geben
kann; darauf brauche ich kaum zurückzukommen.
Da die Schemate unvollständig sind, müssen es
auch die Begriffe bleiben, bis wir Einsicht in die
Bildungstriebe erlangt haben.

Nur Eins kann ich für die natürlichen Systeme
nicht übergehen. Es ist der merkwürdige Begriff
der Verwandschaft, der eigentlich schon zeigt, dass
das Volk eine dunkle Vorstellung von Darwin's
Ansicht hat. Der freilich unglücklich gewählte Ausdruck Familie findet sich in vielen Systemen 8).
Aber deutet nicht gerade dieser Ausdruck auf Abstammung von gleichen Stammvätern hin?

Der Unterschied zwischen unorganischer und
organischer Natur beruht auf dem Unterschied der
Substanzen, welche Krystall und Zelle zusammen-
setzen. Aber sind wir schon im Stande, ihm zu

bestimmen und zu begrenzen? Ist z. B. die Durchdringlichkeit des Zellstoffes ein absolut sicherer
Unterschied zwischen jenem ünd der Zelle*)? Haben
wir hier noch nieht den sicheren Ausdruck für die
Grenzbestimmung gefunden, wie viel weniger wird
das auf der Grenze zwischen Pflanze und Thier der
Fall sein.

Von der Durchdringlichkeit hängt die Möglichkeit der Fortpflanzung der Zelle ab; diese bestimmt
daher die Specification bei den Organismen nach
dem jetzigen Standpunkt der Wissenschaft. Damit
ist ein wesentlicher Unterschied gegeben. Der einzelne Krystall existirt unbestimmte Zeit hindurch;
die Zelle dagegen durchläuft nur eine ganz bestimmte
Periode; dann stirbt sie ab und die Kinder sind an
ihre Stelle getreten. Diese Periodizität fehlt den
Mineralien. Die angebliche Beständigkeit des Minerals
sucht man hier in der Beständigkeit der Form.
Das Individuum stirbt, aber die Form oder, wie
sich selbst Darwin falsch ausdrückt, die Art ist
bleibend. Daher stammt das Vorurtheil von der
ewigen Dauer und Unveränderlichkeit der Art.

Dieses Vorurtheil theilweise besiegt zu haben,
ist Darwin's grösstes Verdienst. Aber auch hier

---

*) Wäre ein solcher Unterschied gefunden und das
Wesen der Zelle damit aufgedeckt, so wäre damit zugleich
die Frage nach der Urzeugung entschieden.

wird eine allgemeinere Auffassung zur Vervollständigung seiner Lehre Wesentliches beitragen.

Nur des Fadens wegen erinnere ich an das
viel besprochene aber höchst merkwürdige Faktum,
dass für die Organismen auf den ersten Blick das
chemische Element ganz zurücktritt und dass hier
das Formenelement, nach welchem wir bei'm
Krystall vergeblich suchen, klar vor Augen liegt.
In morphologischer Hinsicht ist es ganz unrichtig,
die Zelle mit dem Krystall zu vergleichen. Die
Zelle ist das allen Pflanzen gemeinsame Formenelement; der Krystall dagegen bestimmt nur die
Form einer Gruppe von Mineralien. Das Formenelement des Krystalls soll erst aufgefunden werden;
das Formenelement der organisirten Welt liegt
vor uns.

Hier ist freilich die Einschränkung ersichtlich,
dass die Zellen, wie wir sie in der Pflanzenwelt
antreffen, ja Tochterzellen sind, also durch ihre
Mutterzellen schon ein bestimmtes Gepräge von
Eigenschaften erhalten haben werden. Es könnte
demnach scheinen, als gebe es eben so gut verschiedene Arten von Urzellen, wie es verschiedene
Krystalle giebt. Da aber die Zelle, wie das sorg-
fältige Naturstudium zeigt, sich allmählig nach der
Einwirkung von aussen verändert, so tritt die Möglichkeit hervor, dass verschiedene Pflanzen- und
Thierformen sich allmählig nach Aufeinanderfolge

zahlreicher Geschlechter aus gleichen Zellenformen
entwickelt haben. Dass die Zelle wirklich das
Formenelement sei, daran zweifelt neuerdings wohl
Niemand mehr. Und wie verhält sich dieses Formenelement zur
Specification? Wir sind noch weit entfernt davon,
im einzelnen Fall die Ursachen angeben zu können,
welche auf die Zelle einwirken und dadurch dem
Organismus bestimmte Formen aufdrücken, wohl
aber stehen uns die allgemeinen Gesichtspunkte für
diese Betrachtung klar und fest vor Augen.

Die Eigenschaften der Zelle: Durchdringlichkeit
und Dehnbarkeit ermöglichen ihre Veränderung und
ihr Wachsthum; es wird dadurch zugleich ihre Vervielfältigung
möglich. Hierin, im Begriff der Fortpflanzung,
liegt der Schwerpunkt unserer ganzen
Auffassungsweise. Verändern sich die Bedingungen
während des Lebens der Mutterzelle, so muss, wenn
auch noch so unmerklich, die Tochterzelle in ihren
Eigenschaften abweichen; sie wird, wenn sie mit der
Mutterzelle oder mit ihres Gleichen verbunden
bleibt, schon aus rein geometrischen Gründen andere
Gestalt annehmen; wird sie dadegen frei, so muss
sie bei veränderter Umgebung entweder unterliegen.
oder ihre Eigenschaften verändern, wie das Darwin
in dem Abschnitt über den Kampf der Art um die
Existenz so klar ausgeführt hat. Denn was für die
einzelne Zelle gilt, findet eben so gut auf ganze

Zellenkomplexe Anwendung. Ich glaube nachgewiesen zu haben, dass einer der gemeinsten Fadenpilze, das Penicillium glaucum, in verschiedenen Medien für jedes Medium konstante, aber unter sich so verschiedene Gestalten annimmt, dass selbst nach den Grundsätzen mehrer der neuesten Mycologen dieselben zu verschiedenen Arten, ja zu verschiedenen Gattungen gerechnet werden müssten*). Derartige Beispiele werden täglich auf's Neue nachgewiesen. Und wie die Zelle auf ihre Nachkommen ihre Eigenschaften vererbt, so muss es in noch höherem Grade sich mit dem Samen verhalten. Das ist der Grund, weshalb lange Zeit hindurch Kinder und Kindeskinder den Ahnen innerhalb enger Grenzen ähnlich sind.

Auf jene Arbeiten gerieth ich bei Gelegenheit einer Untersuchung des Favus-Pilzes und anderer pflanzlicher Parasiten des Menschen. Ich glaube, dass für diesen Theil der Pathologie die allgemeine Ansicht von der Entstehung der Formen höchst fruchtbar werden kann. Ich darf Sie nicht an dieser Stelle mit der ausführlichen Darlegung der dabei von mir befolgten Methode belästigen, dass aber das Prinzip, den Parasiten durch Veränderung der äusseren Bedingungen ihre verschiedenen Entwicke-

---

*) Jenaische Zeitschrift f. Medizin und Naturwissenschaft, Jahrg. 2, Heft 2, 1865.

lungsreihen gewissermassen abzufragen, für diese Lehre förderlich sein könne, darin werden Sie mir gewiss Recht geben. Diese Betrachtung schützt vor einem der ärgsten Missverständnisse, welche Darwin's Lehre hervorgerufen hat. Es folgt nämlich aus ihr und aus jenem Darwinschen Kampf um die Existenz, dass aus einfachen Formen gewisse feste Formenreihen hervorgehen, welche sich, zwar nicht ewig, aber doch eine gewisse Zeit hindurch, fast unverändert erhalten. Die neben einander lebenden Organismen können also sehr verschieden sein und es braucht keineswegs Uebergänge aus einer Form in die andere zu geben, denn beide sind neben einander, nicht aus einander entwickelt*). Sie haben einen gemeinsamen Stammvater, aber sie können sehr verschieden sein. Es ist daher ganz absurd, wenn vermeintliche Anhänger Darwins den Menschen aus dem Affen oder gar aus einer der noch lebenden Affenarten entstehen lassen; vielmehr haben

---

*) Dieses alberne Vorurtheil, als müsse man zufolge der Darwinschen Lehre nach gleichzeitigen Uebergängen aus einer Art in die andere suchen, ist merkwürdig weit verbreitet. Manche stellen sich trotz Darwin's Opposition dagegen den Darwinismus vor als ein Verschwimmen einer Art in die andere. Wer solche Vorstellungen von Darwin's Lehre hat, beweist, dass er Darwin's Buch gar nicht gelesen.

beide, Mensch und Affe, ein Geschöpf zum Stammvater, welches sehr verschieden von beiden war und
aus welchen sie als verschiedene Zweige des Stamm-
baums durch unzählige ·Zwischenstufen sich entwickelten. Die Thatsache, welche von Geologen
seltsamer Weise so oft ·gegen Darwin's Lehre
geltend gemacht wird, dass nämlich die einzelnen
Floren und Faunen der verschiedenen Formationen
abgerissen und unverbunden auf einander folgen, kann
doch unmöglich für einen Unbefangenen als gewich-
tiger Einwurf angesehen werden*). Was sind denn
sämmtliche an's Licht geförderte Ueberreste im Vergleich mit der Flora und Fauna selbst. Ohne mich
hier auf Diskussion im Einzelnen einzulassen, frage
ich, ganz abgesehen von den verschiedensten
Theorieen der Erdbildung und der Entstehung einzelner Formationen: Wenn die ganze jetzige Pflanzen-
und Thierwelt aus den Torfmooren und Einschlüssen
in Alluvial-Ablagerungen erforscht werden sollte,
welch' ein schiefes und unvollständiges Bild würde
man dadurch von derselben erhalten und wie wenige
Anhaltspunkte würden sich für einen Vergleich mit

---

*) Vergl. C. Darwin. On the origin of species. London
1861. p. 492 ff. Darwin hat diesen Gesichtspunkt sehr
klar und vollständig in's Auge gefasst. Die Verschieden-
heit der Organismen in den einzelnen Schichten ist grade
eine Stütze für die Formenbildung aus Stammvätern anderer Gestalt.

den jüngsten Tertiärschichten darbieten! Und wenn nun auf einem Kontinent ein Theil der gegenwärtigen Organismen der Erde entdeckt würde, könnte man wohl glauben, dass die Flora und Fauna jener Torflager mit diesen zu identifiziren seien? Wie viel schwieriger müsste das sein, wenn statt der Torflager nur Gesteine mit Abdrücken, Petrefakten und Einschlüssen oder höchstens Kohlenschichten mit weit undeutlicheren Ueberresten als in jenen übrig blieben. Man bedenke nur, welch' geringen Theil unserer Erdflora denn die Torfmoore einschliessen, wie der bei Weitem grösste Theil die Erde verlässt, ohne eine Spur zurückzulassen. Sollte das früher anders gewesen sein? Und wenn nicht, muss dann nicht, die allmählige Veränderung zugegeben, die spätere Flora zur früheren scheinbar in gar keinem Verhältniss stehen? Dabei ist noch ganz ausser Acht gelassen, dass in ungemessenen Zeiträumen auch wohl gar keine Organismen erhalten bleiben. Und gilt alles dieses nicht für die Thierwelt in noch höherem Grade?

Aus der Voraussetzung, dass die verschiedenen Formengruppen der Organismen, welche wir in logischer Auffassung Arten nennen, aus einfacheren Gestalten hervorgegangen seien, folgt als Postulat, dass in der Erdgeschichte die früheren Perioden einfachere, die späteren immer höher entwickelte Geschöpfe hervorbringen, eine Ansicht, über deren

Richtigkeit wohl alle Geologen einig sind und welche durch unzählige Beispiele gestützt wird. Natürlich ist die Thatsache, dass in späteren Zeiträumen unter den höher entwickelten auch niedere Formen auftreten, kein Einwurf, ja, selbst scheinbare Rückschritte können jene Ansicht nicht beeinträchtigen; denn abgesehen von der fragmentarischen Beschaffenheit der Ueberreste, welche unseren Untersuchungen zu Grunde liegen, müssen wir ja unzählige Individuen, vielleicht von vornherein von etwas verschiedener Gestalt an verschiedenen Punkten der Erde, als Urglieder jener langen Entwickelungsketten ansehen. Es wird noch lange dauern, bis wir auf diese Weise Punkt für Punkt die Veränderung einer solchen Entwickelungsreihe angeben können; aber als leitende Maxime wird diese Vorstellung allen unseren Arbeiten zu Grunde liegen müssen 11). Um unsere Ansicht, dass die morphologische Anschauung der Artbildung zu Grunde liegen müsse, zu prüfen, bedarf es noch der Frage, ob denn nur bei den Organismen dem Verstande für seine Schemate Formen geboten werden, welche aus Formenelementen gleicher Gestalt bestehen. Dafür lassen sich leicht auch ausserhalb der organischen Welt Beispiele anführen. Die Einbildungskraft schematisirt alles, was der Verstand erkennen soll; es entstehen ihr daher für die äussere Natur nicht bloss diejenigen Schemate, welche den Arten

und den höheren Eintheilungen der drei Naturreiche
zu Grunde liegen; sondern ganz beliebige Körper
können zu bestimmten Zwecken unter bestimmte
Begriffe vereinigt werden. So bildet schon der gemeine Mann verschiedene Arten des Windes nach
Richtung, Stärke, Wärme, Feuchtigkeit u. s. w.;
man kann die Wellen des Meeres nach Gestalt,
Grösse und anderen Gesichtspunkten eintheilen; die
Gestalt der Wolken ist sogar für wissenschaftliche
Begriffsbestimmung en benutzt worden. Dieses Beispiel eignet sich vortrefflich für den Vergleich mit
den Organismen ; denn auch die Wolken bestehen
aus einem Formenelement und zwar einem solchen,
welches in Gestalt und Grösse in viel engere
Grenzen eingeschlossen ist als die Zelle. Und doch
geben Luftdruck, Wärme, Elektrizität, Magnetismus,
Luftbewegung u. s. w. der Wolke die verschiedensten
Gestalten, welche alle aus den einfachen Elementar-
bläschen zusammengesetzt sind. Durch die Unend-
lichkeit der Konstellationen dieser Bläschen ist also
schon die Möglichkeit unzähliger Wolkenformen gegeben, welche bei den Pflanzen und Thieren sehr
beschränkt wird durch die Samenbildung; denn
durch die Entstehung der Zelle in einer schon vor-
handenen wird die ganze Morphologie der höheren
Gewächse an geometrische Verhältnisse gebunden,
die, wie wir gesehen haben, eine Specification zur
Nothwendigkeit machen. So sind denn bei den

Wolken jene Arteintheilungen nur sehr unbestimmte
Schemate; zwischen noch so scharf definirten und
zahlreich aufgestellten Arten muss es nothwendig
Mittelstufen geben; und, wenn auch in geringerem
Grade, herrscht ja bei der Artbestimmung der
Organismen eine analoge Unsicherheit. Dass nicht
wie dort ein unentwirrbares Chaos von Formen
entsteht, folgt ja eben aus der Samenbildung oder,
was dasselbe ist, aus der Zellenbildung durch schon
vorhandene Zellen, wodurch die Erblichkeit bedingt ist.

Aber ich muss Sie bitten, für heute sich mit
dieser flüchtigen Andeutung des Gedankenganges zu
begnügen, dessen weitere Ausführungen in einer
kleinen Schrift niedergelegt worden sind, welche in
allernächster Zeit erscheint und auf welche zu ver-
weisen ich mir erlaube.

Für heut schliesse ich mit dem Wunsch, es
möchte unter dem Mitgetheilten auch nur eine oder
die andere Idee hier oder dort eine Beobachtung
erhellen oder erleichtern; einer der Hauptzwecke
grösserer Vereinigungen von Gelehrten, welchen,
wenn auch in noch so geringem Maasse, befördert
zu haben, meinem Wort vielleicht Entschuldigung
vor Ihnen verschaffen möchte 12).

Weitere Ausführungen und Zusätze.*)

1) Dass in Deutschland lange Zeit vor dem Erscheinen des Darwin'schen Buches die Idee von der allmähligen Fortentwickelung der organischen Welt aus einfachen Anfängen von mehren der ausgezeichnetsten Forscher stillschweigend vorausgesetzt, von einigen auch angedeutet wurde, kann demjenigen nicht entgehen, welcher die Geschichte der Botanik aufmerksam verfolgt. Selbst Humboldt, obwohl er die Blumenbach'schen Bildungstriebe anerkennt, scheint Aehnliches vorgeschwebt zu haben. Ausdrücklich aber muss ich hervorheben, dass Schleiden mir schon 1856 bestimmt seine Ueberzeugung aussprach, dass die Natur nur Formen, keine Arten im Sinne der Systematiker hervorbringe. Damals hatte auch ich, unabhängig von ihm, oder wenigstens wissentlich ohne den Einfluss Schleiden's, mir die

*) Die Nummern correspondiren mit denjenigen im Text..

Ansicht erworben, dass nur veränderliche Formenreihen entstünden, nicht für alle Zeit unwandelbare
Arten. Eigentlich zeigt sich hier ein seltsames
Beispiel, wie sehr man sich durch Voraussetzungen
in fehlerhafte Ansichten festreiten kann, denn wenn
man nach dem Grunde für die angebliche Konstanz
der Species fragt, so sieht es mit der Antwort sehr
misslich aus. Es lässt sich eigentlich kein vernünf-
tiger Grund anführen als der, dass auf den ersten
Blick es wenige Mittelformen zu geben scheint und
dass in historischer Zeit scheinbar die Arten nicht
verändert sind. Aber in welch' kurzem Zeitraum
bewegen sich die Beobachtungen, welche diesen
Grund stützen sollen und welch' geringe Kenntniss
der Pflanzenwelt kommt ihm zu Gute! Was sind
einige Jahrhunderte im Vergleich zur Erdgeschichte
und auf wie geringe Anfänge ist die Lehre von den
Mittelformen und Bastarden noch jetzt beschränkt!

Wenn Schleiden auch die mir mehre Jahre vor
dem Erscheinen des Darwin'schen Werkes ausge-
sprochene Ansicht in seinen «Grundzügen» noch
nicht mit dürren Worten hinstellt, so folgt sie doch
unmittelbar aus seinen Ansichten über die Bildungstriebe*), wenn er, lange vor Darwin, sagt: «Diese

---

*) Vergl. M. J. Schleiden, Grundzüge der wissenschaft-
lichen Botanik. 2. Auflage. Leipzig 1845, Bd. I. p. 50. 51
und desselben Werkes 4. Auflage. Leipzig 1861, p. 34.

«uns noch unbekannten Kombinationen der Grund-
«kräfte, deren Wirkungen die Gestalten sind, be-
«zeichnen wir mit dem Worte Bildungstriebe.» Der
Bildungstrieb ist ihm also nichts Anderes, als eine
«Kombination der Grundkräfte» und der Grund,
warum wir bei verwickelten Verhältnissen besondere
Bildungstriebe und in der organischen Natur eine
Lebenskraft voraussetzen, liegt eben nur in der
Verwickelung der Verhältnisse, welche uns die Beziehung der Grundkräfte zur Gestaltung und Bewegung der Körper zur Zeit noch nicht durchweg
erkennen lässt. Die ganze Methode der botanischen
Forschungen Schleidens beruht auf der allgemeinsten
Erkenntniss der subjectiven Natur der Specification
und er drückt es klar genug aus, wenn er sagt:*)
«Aus diesem ersten Anfang entwickelt sich aber die
«eine Aufgabe der Wissenschaft selbst, nämlich die
«Specification der Pflanzenbildungstriebe.» Und
ferner: «So erhalten wir als höchste Aufgabe der
«systematischen Botanik: «Vollständige Aufzählung,
«genaue Charakteristik und systematische Anordnung
«aller vegetabilischen Bildungsprozesse und der mit
«ihnen verbundenen Selbsterhaltungstriebe.« Ist es
nicht gerade eins der Hauptverdienste Schleidens,
wiederholt und energisch darauf hingewiesen zu

*) A. a. O. 2. Aufl. Lpz. 1845, Bd. 1, p. 70, 4. Aufl
Lpz. 1861, p. 47, 48.

haben, dass die Systematik der Aelteren, die blosse
Eintheilung der Organismen nach logischem Fach-
werk, nur eine vorläufige Orientirung sein könne,
welche, an sich noch keine Wissenschaft, nur den
Weg zu einer solchen bahnen solle? Seitdem ist
in der Botanik die anatomisch-physiologische Untersuchung in einer Weise in den Vordergrund getreten, dass man diese Richtung als eine Verirrung
oder wenigstens als sehr einseitig ansehen müsste,
wenn nicht die ausgezeichneteren Forscher das Endziel,
bald bewusst und mit Absicht, bald dunkel und
unwillkührlich, im Auge behielten. Brauche ich hier
zu erinnern an die für die wahre Systematik er-
spriesslichen Forschungen Pringsheim's in der Algo-
logie und De Bary's in der Mykologie?

Nur nach vollständiger Einsicht in die Gesetze,
unter deren Einfluss die Entwickelungsreihen der
Pflanzen stehen, und zwar nicht bloss in diejenigen,
welche in einem bestimmten Kreislauf periodische
Bewegungen hervorrufen, wie bei'm Generations-
wechsel, sondern auch in diejenigen, welche durch
sehr allmälige Einwirkungen die Entwickelung ganz
neuer Formen veranlassen, wie bei der Bildung der
Arten, werden wir eine Botanophysik, die eigentliche
Aufgabe der Botanik als Naturwissenschaft, erreichen.
Und sollte es in der Zoologie anders sein? Die
Arbeiten der neueren Zoologen bereiten dasselbe vor.
Dem Leser wird sich hier unmittelbar die von

Darwin ganz übersehene Thatsache aufdrängen, dass
die Specification in der anorganischen Natur ganz
andere Grundanschauungen hervorruft, wie bei den
Organismen; um aber nicht zn sehr vorzugreifen,
verweise ich darüber auf die späteren Nummern.

2) Die Irrthümer, welche man in Deutschland
so vielfach mit Darwin's Lehre verknüpft findet,
sind nur zum kleinen Theil Darwin direct zur Last
zu legen; zum grösseren Theil entspringen sie aus
dem Uebelstande, dass Darwin nicht die ganze
Natur, sondern nur die Organismen seinen Betrach-
tungen unterzogen hat, wie ich weiter unten aus-
führen werde. Manche Irrthümer aber, wie z. B.
der, dass der Mensch, weil er dem Affen ähnlich
ist, vom Affen entspringen müsse, sind aus einem
gänzlichen Missverstehen von Darwin's Buch hervorgegangen und sind nichts weiter als logische Schnitzer.
In dem vorliegenden Beispiel verwechselt man die
Begriffe «Uebergang aus einer Form in die andere»
und «Mittelform» Der «Uebergang» findet, wie ich
später erörtere, im Lauf der Zeit in Folge der Erblichkeit und durch allmählige Abweichung statt; die
«Mittelformen» aber bestehen gleichzeitig neben einander. Nun wäre es zwar denkbar, dass in der
Reihe der Entwickelungsformen eine einzige Form
dem Stammvater so äusserst ähnlich geblieben wäre,
dass sie als zur Stammform (Stammart) gehörig

- aufgefasst werden müsste; wäre das für eine der lebenden Affenarten nachzuweisen, so könnte man diese als Stammform des Menschen ansehen. Wer aber die durch Darwin und Spätere geführten Untersuchungen über die Entstehung der Arten durch Auswahl aufmerksam verfolgt, der wird das nicht nur im Allgemeinen, sondern ganz besonders im angeführten Beispiel ausserordentlich unwahrscheinlich finden; ja diese Unwahrscheinlichkeit wird fast zur Unmöglichkeit durch die grosse Zahl der Arten und Gattungen der Affen, ein Umstand, der, wie Darwin sehr richtig hervorhebt, auf einen gemeinsamen Stammvater schliessen lässt. Nur von einer Thierart, die so sehr von allen Affen abwiche, dass man sie in eine besondere, von sämmtlichen Affengattungen getrennte Gattung bringen müsste, und zwar eine Gattung, die nur diese eine Art enthielte, könnte man, wenn es sich physiologisch rechtfertigen liesse, annehmen, dass sie Stammart von Menschen und Affen sei; eben diese Thierart wäre ja aber keine Affenart mehr. Nochmals aber wiederhole ich ausdrücklich, dass das mehr als unwahrscheinlich ist und dass man fast mit Sicherheit annehmen darf, wenige lebende Thier- oder Pflanzenformen stammen von anderen, gleichfalls noch lebenden; vielmehr haben bestimmte Gruppen gemeinsame aber längst ausgestorbene Stammväter. Gewiss aber darf man an mögliche Ableitung einer

noch lebenden Form aus einer anderen nur da-
denken, wo man es mit sehr nahestehenden Arten
zu thun hat; das hat A. Kerner*) deutlich gezeigt
in seinem lehrreichen Büchlein über die Kultur der
Alpenpflanzen. Alle dort als Parallelformen be-
zeichneten Arten, welche beziehlich für Sandboden
und Kalkboden charakteristisch sind, stehen einander
sehr nahe, ja manche werden von Einigen nur als
Varietäten aufgefasst; bei vielen finden sich zahlreiche Mittelformen und bei einigen ist es gelungen,
im Garten durch Bodenveränderung die Parallel-
form aus Samen der anderen Form zu gewinnen.
Diese Fälle sind indess noch sehr selten sicher
beobachtet; sie zeigen aber, dass unter günstigen
Umständen wesentliche Formenänderungen sehr rasch
zur Beobachtung kommen können und dass in solchen
Fällen den Parallelformen ein gemeinsamer Typus
zu Grunde liegt, von dem aus sie hierhin und
dorthin abweichen.

3) Die Thatsache der Specification zeigt sich
in allen Wissenschaften, ja im gemeinen Leben.
Ich würde den Leser zu beleidigen glauben, wollte
ich hier die Grundlagen der Aristotelisch-Kantischen
Logik ausführlich entwickeln, denn man darf die

---

*) A. Kerner. Die Kultur der Alpenpflanzen. Inns-
bruck 1864, p. 76 ff.

Bekanntschaft mit denselben wohl bei jedem Gebildeten, besonders aber bei Männern der Wissenschaft voraussetzen. Nur auf einige Hauptpunkte
will ich hinweisen. Die Thatsache der Artenbildung in den beschreibenden Naturwissenschaften wird Niemand
läugnen. Was ist denn aber die Art? Was ist
überhaupt jede Eintheilung?
Die Artenbildung und die ganze Systematik
entsteht auf die nämliche Weise wie die ersten und
einfachsten Abstraktionen im Kindesalter des Volkes
wie des Einzelnen, d. h. durch den Prozess der
Association der Vorstellungen. Dieser Prozess ist
natürlich von der höchsten Wichtigkeit für die
ganze Logik wie für alle Wissenschaft überhaupt
und J. F. Fries hat mit Recht der Logik eine
anthropologische Einleitung*) vorangehen lassen,
welche er anthropologische Logik nennt. Er stellt
die Entstehung der Begriffe als einen Naturprocess
dar, wenn wir das Wort Natur in seiner höchsten
und allgemeinsten Bedeutung auffassen, wo jede
Wissenschaft Naturwissenschaft ist, weil sie, um mit
Kant zu reden, immanent ist, d. h. sich in räum-
lichen und zeitlichen Verhältnissen bewegt. Dass
im Geist eine beständig fortlaufende Kette von
Vorstellungen und Bildern durch unseren inneren

---

*) Vergl. J. F. Fries. System der Logik. Heidelberg 1811.

3

Sinn vermittelst der Reflexion zum Bewusstsein gebracht werden kann, ist eine so leicht zu beobachtende Thatsache, dass sie Keinem entgehen kann, der auf seinen Gedankengang achtet*). Im nächtlichen Traume gewahrt dies jeder mit Phantasie Begabte sehr leicht; aber wenn wir nur darauf achten wollen, so träumen wir eigentlich auch am Tage beständig, d. h. es entsteht in ununterbrochener Folge Bild auf Bild, Vorstellung auf Vorstellung. Die meisten dieser Vorstellungen kommen uns gar nicht zum Bewusstsein und oft merken wir weit später erst, dass wir solche dunkele Vorstellungen wirklich gehabt haben. Dafür giebt es viele Beispiele, an jedem Tage, in jedem Menschenleben; eines aber ist mir immer besonders auffällig erschienen. Wenn man sehr aufmerksam auf einen Gegenstand achtet, z. B. eifrig an einer Arbeit beschäftigt ist, welche die höchste geistige Thätigkeit in Anspruch nimmt; dann bemerkt man scheinbar nicht, was ringsum vorgeht. Und doch werden durch die Sinne zahlreiche Vorstellungen angeregt. Soll man z. B. zu einer bestimmten Zeit ein Geschäft anderer Art besorgen, so arbeitet man oft

---

*) Da hier nur einzelne Notizen gegeben werden können, so bitte ich, für den ganzen Zusammenhang nachzulesen: J. F. Fries, Handbuch der psychischen Anthropologie. Jena 1820, 2. Auflage: Jena 1837.

während des Glockenschlages so eifrig, dass man ihn überhört; aber einige Minuten später fällt Einem ein: „Die Glocke hat geschlagen", ein Beweis, dass man sie doch gehört hat; ja es ist mir nicht selten vorgekommen, dass ich später der Anzahl der Schläge mir bewusst wurde, obwohl ich nicht gezählt hatte.

Die Kette der Vorstellungen ist aber, so bunt sie auch erscheinen mag, doch kein wildes Chaos, sondern ist einfachen und festen Naturgesetzen unterworfen. Wollten wir freilich jede sich uns aufdrängende Vorstellung aussprechen, so würde Niemand uns verstehen. Die Vorstellungsreihe liefert uns das Material für jedes Gespräch, für jeden klaren Gedanken, aber dieses Material muss erst durch den reflektirenden Verstand und durch die Aufmerksamkeit des Willens gesichtet und geordnet werden. Die ganze Reflexion besteht ja nur darin, dass wir einzelne der Vorstellungen mit Hülfe unseres inneren Sinnes zu bestimmten Zwecken wieder hervorheben, zergliedern oder mit anderen kombiniren. Zu diesem Geschäft des höheren Gedankenlaufs gehören vor allen Dingen Aufmerksamkeit und Selbstbeherrschung, zwei Eigenschaften, die stets den Denker vor dem Schwätzer auszeichnen. Geschwätzige Leute werden uns eben deshalb unverständlich und langweilig, weil sie ohne Plan und Zweck uns die ganze Kette ihrer Vorstellungen mit-

theilen. Der höchste Grad dieses Mangels an
Reflexion ist Blödsinn, eine psychische Krankheit,
oder, da die psychischen Prozesse stets durch Nerven-
thätigkeit angeregt werden, eine Nervenkrankheit,
welche selbst verschuldet oder durch krankhafte
Anlage bedingt sein kann.
Aber auch in den verworrenen Bildern, die
der Schwätzer uns vorführt, zeigt sich ein gewisser
Zusammenhang unter den Vorstellungen, welcher
eben durch ihre Association bedingt ist. Spricht
z. B. Jemand von einem Verwachsenen, so denkt
der Schwätzer an einen verwachsenen Oheim; durch
diese Vorstellung kommt er auf allerlei Erlebnisse,
die er mit ihm hatte, z. B. auf's Theater; dieses
regt Vorstellungen über die einzelnen Schauspieler
in ihm an, wodurch er veranlasst wird, von ihren
Sitten zu reden u. s. w. Solche Ketten spinnen
sich beständig ab, aber nicht Jeder bringt sie an's
Licht*), so wie sie entstehen. Man sieht daraus,
dass eine Vorstellung, die grade angeregt wird,
eine andere wachruft, mit der sie früher in irgend
einer Weise verbunden, vielleicht nur in der Zeit-
folge, wie der Sprung vom Oheim zum Theater,
vielleicht durch Verwandtschaft der Vorstellungen
wie die Verbindung der Vorstellung des Ver-

---

*) Treffend sagt der Volksausdruck von einem Solchen:
Er kommt aus dem Hundertsten in's Tausendste.

wachsenen mit der vom Oheim. Nun macht man leicht die Beobachtung, dass Vorstellungen, welche häufiger auftreten, sich verstärken und daher leichter wieder vor das Bewusstsein gerufen werden können. Auf diesem Prozess beruht die Thatsache des Gedächtnisses. Bei jener Verbindung der Vorstellungen findet zugleich die Abstraktion, d. h. die Bildung von Schematen und Begriffen aus den einzelnen Bildern statt. Es verstärken sich nämlich auch diejenigen Vorstellungen, welche in anderen als Theilvorstellungen häufiger vorkommen. Wir erhalten durch die Sinne zum Beispiel täglich eine grosse Anzahl von Bildern äusserer Gegenstände: Steine, Bäume, Thiere, Hausgeräth u. s. w. gehen an unserem Auge vorüber. Gewisse Theilvorstellungen sind manchen dieser einzelnen Bilder gemeinsam. Wir sehen einen Baum, verschiedene Gesträuche, Kräuter u. s. w. und finden bei allen die Vorstellung der grünen Belaubung, der Befestigung im Boden, des Blühens und Fruchttragens u. s. w. wiederkehrend. Diese Vorstellungen werden uns um so klarer, je öfter sie wiederkehren; sie bekommen dadurch eine Selbstständigkeit; wir können sie bald auch ohne die einzelnen Gegenstände denken; sie sind also zu Formen des Denkens geworden. Wir erhalten z. B. eine solche schematische Vorstellung „Pflanze‘, durch das, was in vielen

einzelnen Gegenständen als Theilvorstellung wieder-
kehrt, indem wir von allen übrigen Vorstellungen,
die mit ihnen angeregt werden, absehen (abstrahiren). Im Schema „Pflanze" abstrahiren wir z. B.
von der Einstämmigkeit des Baumes, von der verschiedenen Gestalt der Früchte u. s. w. und heben
das allen Einzelvorstellungen Gemeinsame hervor.
Mit dem so erhaltenen Schema können wir nun
nach Gefallen operiren. Wir vergleichen es mit
der Vorstellung vom Hunde und finden, dass diese
ausserhalb des Schema's liegt. So gewinnen wir
das analytische Urtheil und mit ihm die Definition.
Das Schema, wie es bei'm gemeinen Mann entsteht,
enthält nämlich noch viel Unbestimmtes und muss
erst durch Definition zum Begriff erhoben werden.
Die Definition oder das analytische Urtheil analysirt
einen schon gegebenen Begriff; sie bringt also nichts
Neues hinzu, sondern bringt nur zum klaren Bewusstsein, was im Begriff enthalten ist. Klare
Anschauung und deutliche Einsicht sind ja überhaupt
der Zweck der philosophischen Betrachtung. Wir
können z. B. definiren: Die Bäume sind einstämmige
Pflanzen. Was ist hier geschehen? Einzelne Bäume
haben wir gesehen und durch Vergleich mit anderen
Vorstellungen ein Schema des Baums gewonnen.
Dieses Schema enthielt manche Vorstellungen mit
dem der Pflanze gemeinsam. Der Begriff „Pflanze"
ist also ein allgemeinerer als der Begriff „Baum";

er gehört folglich zur Sphäre desselben und ist Theilvorstellung in ihm. Definirt, begrenzt, wird der Begriff „Baum" aber innerhalb seiner Sphäre erst durch das ihm Eigenthümliche, durch seinen Inhalt, welcher nicht der ganzen Sphäre zukommt, hier z. B. durch den Begriff der Einstämmigkeit. So grenzen wir im definirenden Urtheil die Bäume von den übrigen Gewächsen ab. Unter den Bäumen kann man gerade durch dasselbe Verfahren wieder Theilbegriffe herausheben und definiren, z. B. Gattungen und Arten. Wie für den älteren Standpunkt in der Wissenschaft die Begriffe „Baum", „Strauch", „Kraut" und ähnliche entstanden, so bildet die neuere Wissenschaft die Begriffe: Achsenpflanzen und Achsenlose, wurzellose und wurzeltragende Achsenpflanzen, keimlose und keimbildende Wurzelpflanzen u. s. w., kurz, es entsteht aus dem nämlichen psychischen Prozess das ganze System nach dem Satz der Bestimmbarkeit: Jedem Gegenstand kommt entweder ein Begriff oder dessen logisches Gegentheil zu, d. h. ein besimmter Begriff lässt sich auf ihn anwenden oder nicht. Ein Drittes ist logisch unmöglich, weshalb jenes Gesetz auch der Satz des ausgeschlossenen Dritten genannt wird. So entstehen die natürlichen Familien, Gattungen und Arten aus den Schematen der schematisirenden Einbildungskraft. Selbst der gemeine Mann hat z. B. ein Schema vom Veilchen im Kopf, wonach er es erkennt. Er sieht bald, dass es nach Farbe, Geruch und Lebensweise verschiedene Gewächse giebt, die doch alle in sein Schema „Veilchen" gehören; er unterscheidet also verschiedene Arten: Wohlriechendes Veilchen, Sumpfveilchen u. s. w. Diese Ausdrücke sind schon rohe Definitionen und es sollen eigentlich im vollendeten Zustand der Wissenschaft alle Namengebungen Definitionen sein, ein frommer Wunsch, da die Wissenschaften unendlich, also unvollendbar sind. Aber voraussetzlich sind die Namengebungen des gemeinen Lebens in der That Definitionen. Das Wort „Wohlriechendes Veilchen" setzt z. B. eine Anzahl von Pflanzen in die Sphäre des Begriffes „Veilchen", aber zugleich legt es ihnen einen Inhaltsbegriff, den des Wohlgeruchs bei und bildet so eine Veilchenart. Ganz ebenso hat man sämmtliche Veilchen schon vorher von den übrigen Dicotyledonen und sogar von den ihnen sehr ähnlichen, die man als Violaceen bezeichnen kann, gesondert.

Die Thatsache der Specification, welche uns überall im Leben, nicht bloss in den Naturwissenschaften, entgegentritt, ist also als psychischer Vorgang in unserem niederen und höheren Gedankenlauf unläugbar. Specificirt wird eben alles: Die Hausfrau unterscheidet den Topf vom Kessel; sie kennt verschiedene Arten von Töpfen nach Zweck und Form; der Redner ordnet die vorzutragenden

Gedanken unter verschiedene Gesichtspunkte u. s. w.
Es fragt sich aber bei dieser ganzen Betrachtung,
ob dieser Thatsache lediglich eine logische oder
ausserdem auch eine Bedeutung für das Wesen der
Dinge, eine metaphysische, zuzuschreiben sei. Darüber
suche ich in den folgenden Nummern Auskunft zu
ertheilen. Hier war es zunächst meine Absicht, zu
zeigen, wie unumgänglich nothwendig der Erörterung
einer Frage von so allgemeiner Bedeutung wie
Darwin's Lehre ein gründliches philosophisches
Studium vorangehen müsse. Wer dabei kritisch
und gewissenhaft verfährt, der wird gar oft in die
Nothwendigkeit versetzt sein, wieder und immer
wieder die ersten Anfänge und Grundlagen zu
untersuchen, denn nichts darf ihm feststehen, was
er nicht in sich selbst durchgearbeitet hat. Es
kann wohl Einer die Werke Kants, des grossen
Gründers der kritischen Schule, von Anfang bis zu
Ende gelesen haben, ohne auch nur eine Ahndung
vom Wesen der Kritik zu bekommen, wenn er nicht
in beständigem Kampf mit den eigenen inneren
Widersprüchen die Wahrheit mühsam errungen hat.
Wer diese Arbeit scheut, für den ist es freilich ,
leicht, entweder dogmatisch die Lehren einer Schule
nachzuplaudern oder sein „non liquet" über alle
Philosophie auszusprechen, ein testimonium pauper-
tatis für jeden, der Ansprüche auf den Namen eines
Gebildeten macht.

Allem Studium der Natur das der Logik und
Mathematik vorangehen zu lassen, das ist ein
Rath, der mit Recht jungen Leuten von einzelnen
gebildeten Erziehern ertheilt wird.

Und warum grade die Logik? Logik ist die
Grundlage für die Sprache und diese das erste
Hülfsmittel für's Studium. Nicht als ob durch
Unterricht die Philosophie angelernt werden könnte,
aber Lehre und Schrift sollen die erste Anregung
geben zu eigenem Nachdenken. Die Philosophie
macht so gut wie jede andere Wissenschaft Fort-
schritte in der Zeit; sie ist, so gut wie jede andere,
durch eine ganze Reihe von Entdeckungen auf den
jetzigen Standpunkt gehoben. Es wäre also thöricht,
wenn jeder Einzelne, wie man das oft von jungen
Leuten aussprechen hört, die ganze Reihe von Entdeckungen auf's Neue in sich durchzumachen sich
unterfangen wollte. Aber das erste Studium sollte
stets durch verständigen · Unterricht heuristisch,
oder, nach der Weise des Sokrates, dialectisch geleitet werden. Die Logik hat indessen für's Studium
eine noch grössere Bedeutung als die angegebene.
Die gewöhnlich sogenannte formale Logik ist ja
die Lehre von den Formen des Denkens, von Begriff, Urtheil, Schluss und System. Nun ist aber
wohl klar, dass wir in der exakten Wissenschaft
diese Formen des Denkens am wenigsten werden ent-
behren können. Was ist also natürlicher, als dass

wir eben diese Formen, ehe wir sie benutzen, einer
strengen Kritik unterwerfen, dass wir vor Beginn
der Arbeit das Werkzeug prüfen, womit wir arbeiten, und uns seinen richtigen Gebrauch zeigen
lassen. Mancher glaubt, der logische Prozess gehe
eben so sicher und selbstverständlich ohne unsere
Hülfe seinen Gang wie die Verdauung. Diese Ansicht ist aber ebenso thöricht wie diejenige älterer
Mikroskopiker, welche glaubten, die Kunst des Sehens
erfordere nichts weiter als gesunde Augen.

Sollen wir aber von jenen an sich leeren
Formen der Logik, von ihrer Bedeutung und ihrer
Anwendung, eine Einsicht erlangen, so ist vor
Allem eine Kenntniss ihres Ursprunges in unserem
sinnlich angeregten Gedankenlauf nothwendig und
die können wir uns nur durch anthropologische
Studien verschaffen von der Art, welche Fries
„anthropologische Logik" nennt.

4) Die Frage, ob das Gesetz der Specification
ein bloss logisches sei oder eine metaphysische
Bedeutung habe, lässt sich ohne vollkommene Einsicht in den transzendentalen Idealismus nicht
richtig und allseitig beantworten. Haben wir ein-
gesehen, dass die reine Anschauung in Raum und
Zeit, von der die Möglichkeit der Mathematik ab-
hängt, eine Schranke unseres Geistes ist und zugleich die Form unseres Erkennens bestimmt, so

muss uns auch klar sein, dass alle diejenigen Artunterschiede, welche von mathematischen Verhältnissen der Grösse und Gestalt abhängen, uns eben
durch die Mathematik, also durch die Formalität
unserer Vernunft, bestimmt werden. Sie sind also
in sofern subjektiver Natur; aber sie sind eben für
alles menschliche Erkennen allgemein und nothwendig. Einige Beispiele werden das deutlicher
machen. Man könnte glauben, die Stetigkeit von
Raum und Zeit liessen in der Mathematik keine
Specification zu; diese findet aber allerdings statt.
Unter den Begriff des regelmässigen Polyëders
ordnet sich eine kleine und ganz bestimmte Anzahl
von Arten der Polyëder, ja es lässt sich mit aller
Schärfe beweisen, dass es keine anderen geben
könne; auch kann hier von einem Uebergang aus
einem Polyëder in das andere nicht die Rede sein.
Ebenso ist es mit den meisten geometrischen Begriffen. Dreiecke lassen sich nach Form und Grösse
in einer unendlichen Anzahl denken, aber unter
ihnen giebt es ganz bestimmte, leicht definirbare
Arten, zwischen denen keine Mittelstufen denkbar
sind, so z. B. gleichschenklige, gleichseitige, un-
gleichseitige, rechtwinklige Dreiecke u. s. f. Kurz,
überall lassen sich Arten und Gattungen der geometrischen Gestalten unwandelbar feststellen.

Mit den Zahlengrössen ist es nicht anders.
Die graden und ungraden Zahlen, die Primzahlen,

ja jede einzelne Zahl eines Zahlensystems hat ihre ganz besonderen Eigenschaften, die sie allein besitzt oder mit bestimmbaren anderen Zahlen theilt. Man kann also ebensogut Zahlenarten wie Formenarten unterscheiden und sie sind nicht minder scharf definirbar wie diese. Es ergiebt sich uns also das Faktum, dass. die Begriffe der reinen Anschauung dem logischen Bedürfniss der Specification gewissermassen entgegenkommen.

Unsere Vorstellungen von der Körperwelt sind aber nicht allein mathematischer oder quantitativer, sondern auch qualitativer Natur. Wir erhalten Eindrücke von der Körperwelt durch die Sinnesorgane, welche nicht bloss Gestalt und Grösse der Körper, sondern qualitative Unterschiede angeben. Auch diese, z. B. die Empfindungen von Farben, Tönen, Wärme, Geruch, Geschmack u. s. w. lassen die Specification zu. Hier freilich müssen wir uns mit dem einfachen Faktum begnügen; wir können es weder erklären, noch seine Nothwendigkeit beweisen. Aber die Thatsache, dass die Schallwellen bei bestimmter Geschwindigkeit bestimmte Tonempfindungen iu uns wachrufen, dass diese in bestimmten Intervallen, z. B. in der Oktave, eine ähnliche musikalische Wirkung hervorbringen, dass es also Arten von Tönen giebt, lässt sich nicht bestreiten, Ebenso giebt es ein ganzes Tongebiet, welches man als Gattung oder Familie auffassen und z. B. dem qualitativ ganz verschiedenen Gebiet des Lichtes und der Farben nebenordnen kann. Warum rufen die so ähnlichen Bewegungserscheinungen der Lichtwellen im Auge statt der Töne Farbenempfindungen hervor? Die Construktion des Auges giebt uns über die Entstehung des Bildes Aufschluss, aber die Farbenempfindungen der Seele selbst, das rein Qualitative, bleibt unerklärt.

Nach dem Bisherigen wird es klar, dass wir in der That in der Specification durch mathematische und qualitative Formen unserer Erkenntniss gebunden sind und dass die Abstraktion nicht ganz willkührlich verfahren kann. Da diese Thatsache der Specification eine allgemeine und nothwendige ist, so hat sie die Form eines Gesetzes und zwar eines metaphysischen Gesetzes, denn sie schreibt unserer ganzen Naturauffassung ihre Artenbildung vor. Wir können Töne und geometrische Figuren nicht anders eintheilen, ohne auf Irrthümer zu gerathen. Da die Aufstellung dieses Gesetzes sich auf Thatsachen der inneren Erfahrung gründet, so pflegte Apelt es zu bezeichnen als ein Gesetz empirischen Ursprunges von metaphysischer Bedeutung. Offenbar giebt es aber ausser dem empirischen Ursprung auch einen rein anschaulichen, nämlich für die mathematischen Specificationen, und diese sind bei weitem die wichtigsten. Da die ganze Natur den mathematischen Gesetzen unterworfen ist, so kann sie nicht wie im ewigen Fluss aller Dinge durcheinander erscheinen, sondern es muss uns leicht werden, die Gegenstände nach Gestalt und Grösse wie nach qualitativen Bestimmungen zu ordnen. Wir werden das später im Einzelnen verfolgen. Zunächst möchte ich noch aufmerksam machen auf die wichtige Folge der Specification für die Aesthetik. Die ganze Aesthetik beruht auf der Vorstellung vom Zweck der Dinge, auf der Idee von ihrem Werth an sich*). Im Schönen ahnden wir das Ewige im Endlichen, das heisst den Werth und das Dasein des Dinges an sich in der Auffasssung desselben als, Erscheinung in Raum und Zeit. Die Specification kommt nun jener Vorstellung vom Zweck, so zu sagen, zu Hülfe. Die Gegenstände der Natur sind gewissermassen absichtlich für unseren Begriffe bildenden Verstand eingerichtet und in ihrer Gesetzmässigkeit ahnden wir eine höhere Bedeutung.

Aus Obigem ergiebt sich bis jetzt, dass der Streit um die Specification nicht geführt werden kann über die Thatsache; denn die lässt sich nicht abläugnen, sondern über die Prinzipien und die Grenzen der Artenbildung in den einzelnen Wissenschaften. Zur Vervollständigung muss ich noch

*) Vergl. E. F. Apelt. Die Epochen der Geschichte der Menschheit. Bd. II. p. 97.

hinzufügen, dass Quantität und Qualität nicht die einzigen möglichen Prinzipien der Specification überhaupt, sondern nur diejenigen für die äussere Natur enthalten. Menschliche Handlungen z. B. kann man eintheilen nach ethischen oder rechtsphilosophischen Grundsätzen oder nach den Ideen der Zweckmässigkeit, der Wahrheit u. s. w. Wollte man eine von diesen, z. B. die Idee der Zweckmässigkeit auf die Klassification der äusseren Natur anwenden, so würde man einen argen Missgriff begehen*).

5) Dass es nur eine schildernde Naturwissenschaft giebt, wird sehr einleuchtend, wenn wir ein einzelnes Mineral oder einen einzelnen Organismus als Beispiel herausheben. Das Wasser, eine und dieselbe chemische Verbindung, muss, als Mineral aufgefasst, beschrieben werden als Eis, Schnee, Wasser, Nebel, Dampf u. s. w., denn alle diese Formen des Vorkommens haben ganz bestimmte Eigenschaften, die sich gewiss, bei mehren nachgewiesenermassen, auf Gestaltung unter bestimmten Verhältnissen zurückführen lassen. Ganz analog ist es mit dem Generationswechsel der Organismen,

---

*) Vergl. meine Arbeit über Schönheit und Zweckmässigkeit in der Natur; in Westermann's Illustrirten d. Monatsheften, Jahrg. 1858.

nur dass hier der Wechsel der Gestalten einer periodischen Regel unterworfen ist.

6) Die einfachen Verhältnisse, in denen sich in der unorganischen Chemie, soweit diese überhaupt ein besonderes Gebiet ausmacht, die Elemente mit einander verbinden, sind schlagende Beispiele dafür, dass hier die Artenbildung, wie überall in der Natur, auf mathematischen Grundlagen ruhe. Ueberall da, wo diese einfachen stöchiometrischen Verhältnisse herrschen, ist daher die Artenbegrenzung sehr leicht. Aber es ist bekannt genug, wie grosse Theile der Chemie und Mineralogie auf fast unüberwindliche Schwierigkeiten der Klassifikation gerathen sind, die ohne Zweifel nur darin beruhen, dass die hier verwickelteren mathematischen Verhältnisse uns zur Zeit noch so völlig verborgen sind, dass wir nicht einmal eine Ahnung davon erhalten. Ich brauche hier nicht zu erinnern an die grosse Schwierigkeit in der Specification der organischen Verbindungen, die eine ganze Anzahl von Theorien hervorgerufen hat, nicht an den willkührlichen Unterschied zwischen Verbindung, Auflösung und Legirung, um anzudeuten, dass es auch bei den unbelebten Körpern grosse Gebiete giebt, wo ein allmähliger gradueller Unterschied die strenge Eintheilung bis jetzt unmöglich macht. Wer ist im Stande, eine unumstösslich feste

4

Definition von der ganzen Reihe der Kohlenhydrate aufzustellen? Da die neueren physikalisch chemischen Arbeiten gezeigt haben, dass bei der Mischung zweier Flüssigkeiten wie bei Lösungen die Eigenschaften der Mischung nicht immer der Summe der Eigenschaften der gemischten Substanzen gleich sei, dass z. B. die Mischung eine Veränderung in der Dichte erleiden kann, so fällt damit der einzige sichere Unterschied zwischen Verbindung und Mischung.

7) Das Wesen der Abstraction haben wir früher erörtert; die Determination unterscheidet sich von der Definition nur dadurch, dass bei jener willkührlich, aber nach bestimmtem Plan oder Prinzip. Begriffe kombinirt werden. Die Definition verfährt also analytisch; sie löst einen gegebenen Begriff in seine Bestandtheile auf; sie liegt dem natürlichen System zu Grunde; die Determination verfährt synthetisch; sie bildet einen Begriff, indem sie zwei andere verbindet; durch ihr Verfahren entsteht das künstliche System. So entsteht z. B. der Begriff der Gynandria aus der willkührlichen Verbindung des Begriffes der Pflanze mit dem des Verbundenseins männlicher und weiblicher Organe. Da das natürliche System auf Analyse beruht, so könnte es scheinen, als müsse es untrüglich fest stehen, denn die Definition kann (wenn nicht

logische Schnitzer begangen werden), da, sie hier ein analytisches Urtheil ist, nichts enthalten, was nicht schon im definirten Begriff enthalten ist. Aber eben dieser Begriff ist noch unvollständig. Er beruht auf den unbestimmten Schematen des gemeinen Lebens und kann nur a posteriori durch die Naturforschung berichtigt werden. Daher muss alles Systematisiren um so unvollkommener erscheinen, je unvollständiger der Zusammenhang zwischen den Erscheinungen erkannt ist. Unsere Systeme sind daher nur ein kümmerlicher Nothbehelf und es ist thöricht, auf ihre Vervollkommnung allein viel Gewicht legen zu wollen. Die ausschliessliche Beschäftigung mit dem Pflanzensystem würde ebenso unfruchtbar sein, wie wenn sich Einer zeitlebens auf die Pflanzenphysiologie beschränken wollte. Die wahre Systematik kann ohne die wahre Physiologie gar nicht bestehen und ebenso ist umgekehrt Physiologie ohne Systematik ein Unding.

8) Die Einführung des Begriffs der Verwandtschaft in die Naturwissenschaften ist eine höchst merkwürdige Thatsache. Das Wort kommt schon in der Chemie vor, aber dort bedeutet es etwas ganz Anderes als bei den Organismen. Bei diesen nimmt man es offenbar im Sinne des gemeinen Lebens als Abstammung von einem Stammvater; man setzt also die Formenveränderung innerhalb

4*

gegebener Arten voraus, denn man betrachtet die innerhalb einer Gattung nebengeordneten Arten gewissermassen als Brüder, Söhne eines längst verstorbenen Vaters. Die chemische Verwandtschaft dagegen ist etwa derjenigen zwischen Gatte und Gattin vergleichbar, wie sie juristisch und kirchlich aufgefasst wird; darauf deutet der Ausdruck „Wahlverwandtschaft" stark genug hin. Die Bezeichnung „Familie" für die grösseren Gruppen der Pflanzen ist fehlerhaft, denn die Familienglieder stammen nicht nur von gleichen Stammvätern, sondern von einem und demselben, wie das Dogma die Menschen von einem Paar abstammen lässt. Hier ist aber gar nicht von Abstammung der Individuen, sondern von Entstehung der Formen die Rede. Die jetzt lebenden Formen sind aus anderen Formen entstanden, welche sicherlich in vielen Individuen vorhanden waren, sonst hätten sie keine Lebensfähigkeit gehabt. So ist nach unserer Auffassungsweise die Abstammung der Menschen von einem Paar aus einer ganz falschen Grundanschauung entsprungen.

9) Die Samenbildung macht die Entstehung eines wilden Chaos von Gestalten, etwa wie bei der Wolkenbildung, unmöglich, ein Einwurf, durch welchen Manche Darwin ad absurdum führen möchten. Darwin selbst hat die Folgen der Samen-

bildung so scharfsinnig erörtert, dass kaum etwas
hinzuzufügen bleibt als einzelne Beispiele zur Be-
stätigung seiner Ansichten. Die angebliche Unveränderlichkeit der Arten in der Zeit ist offenbar nur
aus dem Faktum abgeleitet, dass Kinder und Kindeskinder den Ahnen sehr ähnlich sind und dass es
an Mittelformen oft fehlt, während sie in anderen
Fällen übersehen worden sind. Aus jener Thatsache entspringt auch Blumenbach's Ansicht. *)
Seine Bildungstriebe beruhen auf einer Täu-
schung. Die Konstanz der Arten erfolgt aus dem
Begriff der Samenbildung. Der Keim trägt alle
Eigenschaften des Muttergeschöpfes in sich. Wie
der elterliche Körper dem Keim diese bestimmte
Anlage giebt, lässt sich zur Zeit noch nicht ent-
scheiden, aber wir müssen annehmen, dass dieser
Prozess nach mechanischen Gesetzen erfolgt. Eben
so ist es bei der Fortpflanzung durch Eltern aus
verschiedenen Arten. Das Kind ist unfruchtbar,
weil der Same in seiner Umgebung. im mütterlichen
Organ, nicht die Bedingungen zu seiner Entwickelung
findet.**) Wie dieser Mangel der Bedingungen durch

---

*) Vergl. Apelt, Epochen der Geschichte der Mensch-
heit. II, p. 95.

**) Diese ganze Betrachtung, welche dem Gedankengang
Darwin's so sehr ähnlich ist, wurde im Jahre 1856 zuerst
niedergeschrieben.

den elterlichen Organismus gegeben sei, können wir
zur Zeit nicht überschauen, wohl aber, dass er
durch ihn gegeben sei. So muss es in der Natur
des Samens liegen, dass geringe Abweichungen in
der Form auf die Geschlechtsorgane wenig Einfluss
üben, dass also manche Arten, weil ihre Abweichungen bedeutend sind, keine fruchtbare Nachkommen-
schaft erzeugen, während das bei den meisten Varietäten möglich ist. Da aber neuere Arbeiten in immer
grösserer Anzahl darthun, dass auch die Fruchtbarkeit oder Unfruchtbarkeit der Nachkommen kein
ganz sicheres Kriterium zur Festsellung der Art
darbieten, so fällt der Artbegriff, wie er in der
Geschichte der Botanik und Zoologie sich gebildet
hat, vollends in's Unsichere zurück. Durch Veränderungen in der Umgebung, in den physikalischen
Verhältnissen der Atmosphäre und des Bodens,
muss nothwendig nach und nach eine Veränderung
der Organismen bewirkt werden. Die atmosphä-
rischen Veränderungen gingen ohne Zweifel so unmerklich vor sich, dass man nach Jahrtausenden
sie erst hätte messen können. Kein Wunder also,
dass es in historischer Zeit noch keine Angaben
über Veränderung der Temperatur und chemischen
Konstitution, ja nur unbedeutende Veränderungen
im Thier- und Pflanzenreich giebt, unbedeutend wenigstens im Verhältniss zu den Anforderungen, die
wir meistens an die Artunterschiede stellen. Wie

kann man aber die merkwürdige Thatsache unbe-
rücksichtigt lassen, dass wir kaum für eine einzige
Kulturpflanze den Stammvater aufweisen können.
Sollte das ganz zufällig sein? Werden nicht dieselben zum Theil als constante Arten betrachtet?
Müssen sie sich also nicht allmählig verändert haben,
wenn man nicht annehmen will, ihre wilden Ge-
nossen seien sammt und sonders von der Erde
vertilgt?

10) Kennten wir die Kohlenhydrate vollständig
und wüssten, wodurch der Zellstoff durchdringlich
ist, so würden wir dem Problem der Zellenbildung
wenigstens einen Schritt näher rücken. Uebrigens
geht Nägeli viel zu weit, wenn er sagt*): «Physik
und Geologie sagen uns, dass die jetzt thätigen
Naturkräfte die nämlichen sind wie in der Urzeit,»
und wenn er daraus folgert, «dass, wenn irgend
einmal organische Formen auf natürlichem Wege
aus unorganischen Stoffen hervorgehen konnten,
dieser Prozess auch jetzt noch stattfinden müsse.»
Wenn auch dieselben Kräfte wirkten, so wirkten
sie doch unter ganz anderen Bedingungen. Oder
hatte etwa in der Eiszeit die Atmosphäre dieselbe
Beschaffenheit wie jetzt? Sind die Steinkohlen-

---

*) Dr. C. Nägeli: Entstehung und Begriffe der natur-
historischen Art. München 1865, p. 11. 12.

wälder unter denselben Bedingungen aufgewachsen wie die unsrigen? Hat ein, wenn auch noch so lokaler Durchbruch, keinen Einfluss auf Boden und Atmosphäre gehabt? Wenn sich also jetzt eine Generatio spontanea nicht nachweisen lässt, so folgt daraus durchaus nicht, dass sie überhaupt niemals stattgefunden haben könne. Jener Schluss ist nicht besser, als wenn man die Möglichkeit der Entstehung mancher Mineralien in früherer Zeit deshalb läugnen wollte, weil sie jetzt nicht mehr in der Natur entstehen. Bei diesen Mineralien gelingt es oft dem Experiment, ähnliche Bedingungen hervorzurufen wie die, welche ihnen früher in der Natur geboten wurden, und wer kann wissen, ob es nicht einmal gelingen wird, Zellen zu erzeugen; so unendlich fern wir auch jetzt dieser Aufgabe noch sein mögen. So gut wir uns nach manchen Erscheinungen und Vorgängen im Hochofen Vorstellungen ‹von› früheren geologischen Prozessen zu machen suchen, würden wir durch ein einziges derartiges Experiment eine Ahnung von der Generatio spontanea der Natur erhalten und vielleicht mehr als eine blosse Ahnung. Uebrigens lässt sich gegen die Generatio spontanea doch mehr anführen, als Nägeli zugesteht. Wenn man einen organischen Körper, z. B. das Innere einer fleischigen Frucht, mit einer Quantität möglichst reiner Luft, z. B. gleich nach starkem Regenwetter, unter einer Glasglocke luftdicht abschliesst, so entstehen selbst nach Monaten nur selten Organismen darauf. Nägeli behauptet zwar, dass organische Splitter durch Kontaktwirkung die Zersetzung bewirken könnten. Aber was heisst organische Splitter? Wer will beweisen, dass sie, wenn überhaupt vorhanden, eine solche Wirkung üben? Aber es steht der Generatio spontanea noch ein weit gewichtigerer Grund entgegen. Nägeli sagt vollkommen richtig, dass nur einzellige Organismen durch sie entstehen können. Nun entstehen aber bekanntlich keine Algen, sondern nur niedere Pilze bei der Hefebildung. Es sind aber bis jetzt durchaus keine einzelligen Pilze als Arten aufgefunden worden. Aus jeder Hefe kann man durch Veränderung der Nahrung die höheren Formen erziehen, zu denen sie eine Vegetationsform bildet. Es kann also der Hefepilz nicht durch Urzeugung entstanden sein; denn wenn man ernsthaft der Darwin'schen Lehre anhängt, muss man ja annehmen, dass sich die höheren Pilze erst nach unzähligen Generationen ausbilden. Entständen sie sogleich aus den spontan gebildeten Hefezellen, so wäre Darwin's Lehre widerlegt.

Aber Nägeli's ganze Auffassung der Darwin- schen Lehre ist unklar, ja in einigen Punkten unrichtig. Die Trennung des Darwinismus als Nützlichkeitstheorie von der älteren Auffassung als Vervollkommnungstheorie ist unrichtig. Darwin

erkennt sehr richtig die allmählige Zunahme der
Entwickelung, wie das sein Kapitel neun *) (Imper-
fection of the geological record) klar genug zeigt.
Ohne diese, die Darwin überall voraussetzt, würde
allerdings seine Lehre auf schwachen Füssen stehen.
Bei Darwin wird nur das Kausalitätsverhältniss als
leitende Maxime benutzt; Nägeli verwandelt dasselbe, obgleich er sich dagegen verwahrt, in Teleo-
logie, wie seine Anwendung des Darwinismus auf
die Pflanzen beweist. Denn was ist es anders als
teleologische Spekulation, wenn er p. 22 seiner
Schrift sagt: «Dass diese bunten Blätter in der
«Umgebung der Fortpflanzungsorgane nicht einem
«bestimmten morphologischen Plane, sondern nur
«dem physiologischen Nutzen ihr Dasein verdanken,
«geht deutlich aus zwei Reihen von Thatsachen
«hervor» u.s.w. Wäre diese Ansicht richtig, so könnte
es keine Missbildungen geben, keine Einrichtungen,
durch welche die Befruchtung unmöglich wird u. s. w.
Bei Darwin ist der Gedankengang gradezu umgekehrt, nämlich: Weil jene Pflanzen so eingerichtet
sind, dass die Befruchtung leicht möglich, bleiben
sie erhalten, und weil das bei den übrigen Formen
nicht der Fall, gehen diese zu Grunde.

11) Nägeli bringt durch seine Trennung von

*) A. u. O. p. 302.

Nützlichkeitsprincip und Vervollkommnungsprincip*)
fast auf die Vermuthung, er habe Darwin so ver-
standen, als ob er lediglich durch Bastardirung,
nicht durch blosse Formenabweichung die Arten
entstehen lasse; dem widerspricht aber das eng-
lische Original auf's entschiedenste. Gewiss kennen
wir noch nicht alle Agentien, welche hierfür in
Frage kommen. Dass die blosse Variation ohne
alle Kreuzung eine nicht unbedeutende Rolle bei
dem ganzen Vorgang spiele, dafür hat Kerner Beispiele genug angeführt, von denen wenigstens einige
sich leicht constatiren lassen. Die von ihm aufge-
zählten Fälle von Veränderung der Form der Ve-
getation beziehen sich sämmtlich auf Bodenverhältnisse, so z. B. das merkwürdige Faktum, dass man
aus dem Samen der einen Art von Rhododendron
nach wenigenGenerationen die andere erzielen kann,**)

*) Beide Ausdrücke sind höchst fehlerhaft, denn beide
enthalten etwas Teleologisches. In der Natur selbst kann
weder durch Vervollkommnung noch durch Nützlichkeit
etwas erklärt werden; diese sind Sache der aesthetischen
Betrachtung. Das gemeinsame Princip für die Forschung
ist die Fortentwickelung nach allen Seiten im Kampf mit
den ungünstigen Einflüssen. Variation und Hybridisation,
besonders aber die erstgenannte, liegen der Entwickelung
zu Grunde. Die Auswahl der Natur ist also keine Wahl
nach Nützlichkeit, sondern ein Schicksalsfaden nach kau-
salen Verhältnissen und nach der Möglichkeit der Existenz.

**) In allen diesen Fällen findet das sonst gewiss sel-
tene Faktum statt, dass die Stammform und ihre Tochter-
formen gleichzeitig auftreten können.

wenn man den entsprechenden Boden zubereitet.
Kerner selbst hatte im vorigen Jahre die Güte, mir
an Arten von Saxifraga zu zeigen, deren eine auf
Kalk, die andere auf Sand angewiesen ist, dass auf
gemischtem Boden Mittelformen auftreten und dass
man im Garten aus einer von beiden Extremformen
sehr bald die andere erzielen künne. Hier findet
also eben so gut wie bei der Hybridisation ein
Zurückschlagen in die Art statt, um mich so aus-
zudrücken. Für die Bastarde hält Hoffmann in
seiner fleissigen Arbeit in Westermann's Monatsheften das Zurückschlagen für einen Beweis von
Beständigkeit der Form (Art); es beweist aber doch
nichts weiter, als dass Veränderung der Lebens-
bedingungen ebenso gut eine Rückwärtsbewegung
hervorrufen könne, was auch Nägeli richtig bemerkt.
Bei'm Zurückschlagen sind die Bedingungen für die
variante oder hybride Form weniger günstig als für
die Form des Stammvaters. Giebt man dem Bastard
wie der Varietät die günstigen Bedingungen, vorausgesetzt, dass diese bekannt sind, so kann man
ihre Formen sicherlich stereotypiren.

Natürlich sind es nicht bloss Bodenverhältnisse,
welche die Bedingungen zur Veränderung der Arten
liefern. Leider hat man die übrigen Bedingungen
noch fast ganz ausser Acht gelassen.

H. Hoffmanns vortreffliche neueste Arbeit*)

*) Ergänzungsheft zur botanischen Zeitung. 1865.

giebt ein werthvolles Material für den Einfluss der
Atmosphäre, ebenso sind in dem mehrfach angeführten Büchlein von Kerner vortreffliche Winke
gegeben. Aus meinen Beobachtungen will ich nur eine
anführen. Fast überall in den Alpen findet man
Gentiana germanica und G. campestris in einer bestimmten Beziehung zu einander und zwar so, dass
die erstgenannte ganz auf die Matten, die zweite
auf die Hochalpen beschränkt ist. Zwischen beiden
findet man Mittelformen und zwar stets auf dem
Mittelterrain. Sollten nicht manche Pflanzen unserer
Ebenen und Gebirge, so z. B. Calamintha acinos
und C. alpina in einem ähnlichen Verhältniss zu
einander stehn? Ich kann nicht unterlassen, hierfür
auch auf diejenigen Beobachtungen Hoffmanns in
der eben angeführten Arbeit hinzuweisen, welche die
Verdrängung mancher Pflanzen durch Unkräuter
zeigen; Beobachtungen sind es, die jeder Gärtner
und Gartenliebhaber wiederholen kann und die für
Darwin's Kampf der Arten um die Existenz eine
hohe Bedeutung haben.

Manche Missverständnisse, welche aus Darwin's
Arbeit entsprungen sind, muss man leider dem Umstand zuschreiben, dass die deutschen Autoren nur
die Uebersetzung benutzt haben. Das ist bei einer
derartigen wissenschaftlichen Frage durchaus fehlerhaft und strenge zu rügen. Aber grade Diejenigen,

welche über Darwinismus in Wort und Schrift
öffentlich aufgetreten sind, berufen sich nur auf die
Bronn'sche Uebersetzung. Wenn nun der Ausdruck:
«Natural selection» durch «Auswahl der Natur»*)
übersetzt wird, so lässt sich dagegen nichts ein-
wenden, denn wir haben im Deutschen keinen genau
adäquaten Ausdruck dafür; kennt man aber nicht
den englischen Text, so erhält die Sache jene teleologische Färbung wie bei Nägeli, wie sie Darwin
nicht in den Sinn gekommen ist.

12) Ueberall da, wo nicht von bestimmt zu-
sammengesetzten Naturkörpern, sondern nur von der
Ablagerung der Theile zu Aggregaten die Rede ist,
hat die Anwendung der Gesetze der Specification
grosse Schwierigkeit und ist oft von gar keiner Bedeutung. Schon in der Geognosie ist die Specification schwierig und unbestimmt; noch schwieriger
sind in der Geologie die Gestalten von Wolken und
Felsen, Flüssen und Küsten u. s. w. zu specificiren.
Wäre auch die Wolkenbildung auf die Erde beschränkt, also die Wassermenge eine gegebene, endliche, so müsste trotzdem eine unendliche Zahl von
Modificationen der äusseren Umstände (in der Un-
endlichkeit der Zeit) wegen der Stetigkeit des
Raumes eine endliche Zahl von Wolkenformen

---

*) Der Ausdruck „Züchtung" ist noch zweideutiger.

bedingen, unter denen das Specificiren ausserordentlich schwierig, wo nicht unmöglich erscheinen muss.
Es ist ja nicht möglich, auch nur eine Minute lang,
von einer Wolke als etwas unter bestimmter Form
Gegebenem zu reden. Eine Form schwimmt durch
Bewegung, Auflösung und neue Niederschläge beständig in die andere hinüber. Wäre es so in der
ganzen Natur, so stände es um die Artenbildung
weit schlimmer als jetzt.

Zwar hat der Organismus mit der Wolke das
Vorhandensein eines Formenelements gemeinsam;
aber dieses Formenelement vermehrt sich; die einfache Theilung der Zelle bedingt die geometrischen
Formen von Pflanze und Thier, bei der Pflanze
noch einfach, bei den Thieren stets in verwickelter
Symmetrie. Aber diese Gesetze der Symmetrie be-
herrschen die ganze belebte Welt und das ist wieder
unendlich wichtig für die schon oben berührte
ästhetische Bedeutung der Specification. Die Wieder-
holung der Zelle wie die daraus abzuleitende Bildung von Samen, Knospen u. s. w. macht die Einheit
in der Mannigfaltigkeit bei den Pflanzen möglich.
Die Blätter eines Baumes sind zufolge jener Zellen-
zeugung alle nach einem Grundplan gebaut; wir
ahnen hier ein mathematisches Gesetz und in ihm
eine ewige Bedeutung, einen Zweck der Pflanzenwelt. Bei den Thieren ist es trotz des complicir-
teren Baues ganz ähnlich.

13) Eine interessante Folgerung aus der Artenbildung (richtiger Formenbildung) bei den Organismen durch Variation und Hybridisation ist noch
die, dass bei den niedrigsten Thieren und Pflanzen
die Arteneintheilung am schwierigsten durchführbar
sein müsse und dass hier die Gattungen und höheren Eintheilungen überhaupt am reichsten an
Arten sein werden. Beides bestätigen die Forschungen. Für die Pflanzenwelt sind die Pilze, welche
mit den Algen um den Platz auf der untersten
Stufe des Pflanzenlebens wetteifern, das schlagendste
Beispiel. Die Polymorphie der niederen Pilze ist
berüchtigt geworden und welche immense Zahl von
Arten schliesst z. B. die Gattung (oder Zunft)
Agaricus ein; welche Gattung einer höheren Familie könnte sich damit messen!

14) Die nachsichtige Beurtheilung, um welche
ich am Schluss meines Vortrages gebeten habe, ist
mir in der That zu Theil geworden; das schliesse
ich nicht bloss aus den unverhohlenen Beifalls-
bezeugungen, durch welche die zahlreiche Zuhörer-
schaft mich beschämte, sondern mehr noch aus den
wohlwollenden und anerkennenden Aeusserungen,
mit denen mir seitdem mancher in seinem Fach
bedeutende Mann entgegengetreten ist. Diesen
Männern fühle ich mich zu besonderem Danke ver-
verpflichtet, denn ihre freundliche und nachsichtige

Beurtheilung ermuntert mich, mit neuem Eifer meine Bestrebungen fortzusetzen. Ganz hat es auch nicht an Misswollenden gefehlt; dafür zeugt ein Artikel in der Wiener medizinischen Wochenschrift*) vom 4ten Oktober d. J. Der Herausgeber, Herr Dr. Wittelshöfer, schmäht zunächst in einer höchst unwürdigen Weise den ersten Geschäftsführer der 40sten Versammlung deutscher Naturforscher und Aerzte, Herrn Geh. Obermedizinalrath Krause. Ich habe mich nicht zum Vertheidiger dieses Herren aufzuwerfen; aber zur Hinweisung auf das ganze höchst unziemliche Verfahren des Herrn Dr. Wittelshöfer appellire ich an das Billigkeitsgefühl seiner Leser und frage, ob es sich mit Anstand und Schicklichkeit verträgt, einen ehrwürdigen und um die Wissenschaft hochverdienten Mann in der Weise zu schmähen, wie es Herr Dr. Wittelshöfer gethan hat? Sollte jener alte Herr hie oder da nicht mit voller Kraft und Geschicklichkeit seinem Amte vorgestanden haben, so würde doch billiger Weise sein Silberhaar ihm Nachsicht sichern, um so mehr, als er sich schwerlich um jenenEhrenplatz beworben haben wird.

Herr Dr. Wittelshöfer benutzt nun die beiden Vorträge der ersten Sitzung, um durch Schmähung

*) Wiener medizinische Wochenschrift, 1865, 18. Jahrgang, No. 79.

gegen die Vortragenden: Professor Hallier und Ge-
heimerath Schultz - Schultzenstein dem ersten Geschäftsführer Seitenhiebe zu versetzen. Er macht
uns den Vorwurf, über die «etwas abgenutzte Darwin'sche Theorie gesprochen» und dahei nichts «Neues
zu Tage gebracht zu haben». Wäre es dabei geblieben, so könnte ich ruhig dem Urtheil des wissenschaftlichen Publikums entgegensehen, welches
unabhängig von Herrn Dr. Wittelshöfer urtheilen
kann, da jener Vortrag hier wörtlich vorliegt. Herr
Dr. Wittelshöfer greift aber zu Waffen, denen der
arglose Gegenstand seiner Verdächtigungen nichts
entgegenzusetzen hat, als die Berufung auf die
Wahrheit; diese Waffen sind: Entstellung und Unwahrheit. So heisst es z. B.: «Das Publikum hatte
«auch keinen Grund, die Beweisführung dieser beiden
«Redner abzuwarten und entfernte sich ruhig aber
«entschieden vor dem Schlusse der Sitzung aus dem
«Saale.» Ich frage einfach die damals Anwesenden,
ob auch nur ein irgendwie beträchtlicher Theil der
Versammlung vor dem Schluss der sehr langen
Sitzung den Saal verlassen hat? Da Herr Dr.
Wittelshöfer laut der Fremdenliste sich in Hannover
befand, so weiss ich nicht, womit er diese offen-
bare Unwahrheit beschönigen will. Vielleicht ist
es derselbe erhabene Standpunkt, den er der Lehre
Darwin's gegenüber einnimmt, welcher ihn auch veranlasst, sich über pedantische Aengstlichkeit der

Wahrheit gegenüber hinwegzusetzen. Die genannten
Vorträge sollen nach Herrn Dr. Wittelshöfer Herrn
Professor Virchow zu seinem Antrag auf Bestimmung
der Vorträge in den allgemeinen Sitzungen veranlasst haben. Die Unwahrheit dieser Behauptung
liegt auf der Hand, denn Herr Professor Virchow
wies selbst darauf hin, dass ähnliche Anträge schon
auf früheren Versammlungen abgelehnt worden seien.
Selbst wenn es wahr wäre, dass ich mir den Tadel
des hochverehrten Mannes zugezogen hätte, muss
ich doch nach der wohlwollenden Weise, wie er
sich mir gegenüber am Abend desselben Tages über
meinen Vortrag äusserte, die Motive, welche Herr
Dr. Wittelshöfer ihm unterlegt, vorläufig in Zweifel
stellen.

Mein Abschiedswort an den Leser kann kein
anderes sein, als der Wunsch, er möge mich auf
Fehler und Mängel dieser Arbeit aufmerksam machen,
damit ich, unbeirrt durch etwanige Anfeindungen
Einzelner, meinem Streben nach Klarheit in prinzi-
piellen Fragen mit besserem Erfolge nachgehen
könne.

Druck von M. Rosenberg in Hamburg.

Verlag von Otto Meissner in Hamburg.

Nordseestudien.

Von
Ernst Hallier.

21 ½ Bogen. Mit 27 Holzschnitten und 8 lithogr. Tafeln. geh. 1 ½ ℳ.

Obiges Werk ist populair · im edelsten Sinne und streng wissenschaftlich zugleich. Der Fachgenosse findet darin ein reiches wissenschaftliches Material verarbeitet und der Laie wird durch die Art der Darstellung in das Verständniss der Naturgeheimnisse eingeweiht. Es ziehen an ihm vorüber die stillen Scenen des Thierlebens am heiteren Frühlingstage in den wunderbaren Meereswaldungen, die Wirkungen der Stürme und Sturmfluthen auf die Gestaltungen der Küsten, so wie deren ursprünglicher Aufbau durch eben jene Gewalten, die ihnen nun so furchtbar gefahrdrohend nahen. Selbst der Mensch auf dem Meere, sein Verhalten in Sturm und Gefahr und die Veränderungen, die das Seeleben auf seine Gemüthsart ausübt, sind nach eigenen Erfahrungen geschildert.

Die Vegetation auf Helgoland.
Von Ernst Hallier.

2te vermehrte Ausgabe. Mit 4 Tafeln-Abbildungen.
7 ½ Silbergr.